Ju-Jutsu
Frauenselbstverteidigung

Mit nur 11 Techniken rundum geschützt

von

Diplom-Sozialökonom
Stefan Wahle
6. DAN Ju-Jutsu
Lehrer für Ju-Jutsu
lizenzierter Fitnesstrainer

akkreditiert bei: www.trainerregister.de

Impressum

Autor und Fotograf: Stefan Wahle

E-Mail: info@sw-sportbuch.de

Internet: www.sw-sportbuch.de

Fan-Page von Stefan Wahle bei Facebook.com:
http://www.facebook.com/Stefan.Wahle.Autor

Verlag und Herstellung:
BoD - Books on Demand, Norderstedt

ISBN: 978-3-8391-6805-9

Offizielles Lehrbuch

des

American Ju-Jutsu Landesverband Hamburg von 1993

®

www.ju-jutsu-verband.de

www.facebook.com/American.Jujutsu

Charter

Know Ye By These Presents That

American Ju-Jutsu Landesverband Hamburg e.V.

Is Duly Chartered By The

International Federation of Ju-Jutsuans, Inc.

For The Year

Nov 75 – Nov 76

In Witness Thereof, The Undersigned Have

Duly Set Their Hands and Seal

This 20ᵗʰ Day of November

Attest:

Michael DePasquale, Jr.
Nidai Shihan

Christopher Shovlin
Shihan

Michael DePasquale, Sr.
Dai Shihan

編號 Serial No.: 11199/GA/13
日期 Date 17-07-2013

環球結盟證書

Certificate Of Global Alliance

團體 Organization : **AMERICAN JU-JUTSU LANDESVERBAND HAMBURG VON 1993**

會長 President : **MASTER STEFAN WAHLE**

國家 Country : **GERMANY**

審核組
Audit Team

GRANDMASTER FULIN YANG
Ving Chun Advisor

梁健華
GM.DR. LEUNG JIAN HUA
Ving Chun Advisor

正式和世界詠春總會結盟為盟友，共同團結，促進友誼，以弘揚詠春貢獻。
Officially alliance with World Ving Chun Federation as allies with unity and promote friendships, and with the dedication of carrying on and promoting Ving Chun.

總秘書長簽
General Secretary

創會總會長簽
Founder & President

副總會長簽
Vice President

PROF.DR.CHAN FA DENG 陳法澄教授

PROF.DR.GM NG WEE KIONG

PROF.DR.GUNTHER BENJAMINS

Inhaltsverzeichnis

1.   Vorwort

Die moderne Selbstverteidigungssportart Ju-Jutsu wurde in langjähriger Arbeit vom Deutschen Dan-Kollegium e.V. im Auftrage des Deutschen Judo-Bundes e.V. (DJB) entwickelt. Die erste Ausbildungs- und Prüfungsordnung wurde vom Deutschen Dantag 1968 beschlossen und trat am 22. April 1969 in Kraft.

Ju-Jutsu entstand ursprünglich aus einer Zusammenstellung von effektiven Techniken aus den Traditionssportarten Judo, Karate, Aikido und dem alten Jiu-Jitsu und wurde von der deutschen Polizei als Ausbildungsbestandteil übernommen.

1989/90 kam es dann aber zum Bruch innerhalb des DJB und es spalteten sich diverse Ju-Jutsu-Verbände ab, die das System unterschiedlich weiterentwickelten. Der größte und bekannteste Verband ist der Deutsche Ju-Jutsu Verband. 1993 gründete sich in Hamburg der gemeinnützige Sportverband "American Ju-Jutsu Landesverband Hamburg e.V.", in dem amerikanische Kampfkunst-/-sporteinflüsse zum Tragen kamen. Das lag unter anderem auch an der Mitgliedschaft in der in Amerika ansässigen "International Federation of Ju-Jutsuans".
Diese besonderen Ausprägungen gingen weg vom judolastigen Sport hin zum realistischen Straßenkampf ohne Schnörkel und Show-Techniken. Auch die polizeitypischen Abführtechniken sucht man dort vergebens, da diese für den normalen Bürger uninteressant sind. Man trennte sich von unnötigen

Ballast und vertrat das Moto, dem jede Selbstverteidigung folgen sollte: "Keep it simple!".

Dieses Buch beschäftigt sich mit einer kleinen Auswahl von 11 effektiven Techniken speziell für Frauen, die in einer Notwehrsituation ihre Gesundheit oder ihr Leben schützen möchten.

Die gesetzlichen Vorschriften bezüglich Notwehr und Nothilfe sind bitte stets zu beachten (siehe hierzu S. 112 ff.).

Ich wünsche viel Spaß und Erfolg beim Üben!

Stefan Wahle, 6. Dan Ju-Jutsu

## 2.	Erläuterung der Grundtechniken
## 2.1.	Der Preßluftschlag

Beide Hände sind geöffnet und leicht zu Muscheln geformt, die Finger sind zusammen und nicht gespreizt. Der Preßluftschlag erfolgt mit einer Halbkreisbewegung von außen nach innen, um den nötigen Schwung zu holen, und sollte gleichzeitig auf beide Ohren des Gegners auftreffen. Durch die Form der Hände und die Wucht des Schlages entsteht im äußeren Gehörgang ein Überdruck, der das Trommelfell zum Platzen bringt.
Der Betroffene nimmt dies als explosionsartiges Erlebnis im Kopf wahr. Das sich im Ohr befindende Gleichgewichtsorgan wird in Mitleidenschaft gezogen. Der Betroffene verliert die Orientierung und geht zu Boden. Wird der Preßluftschlag richtig angewendet, hat er längere Kampfunfähigkeit und evtl. sogar bleibende Schäden zur Folge. In einer lebensbedrohlichen Situation ist seine Anwendung jedoch durchaus berechtigt.

2.2.   Der Knieschlag

Der Knieschlag erfolgt mit der Kniespitze in einer halbkreisförmigen Bewegung durch dynamisches Hochreißen des Knies. Das Bein ist im Kniegelenk angewinkelt. Der Fuß ist nach unten gestreckt, um beim Anheben ein Festhaken an der Kleidung des Angreifers zu vermeiden. Das beste Angriffsziel ist natürlich der Genitalbereich des Mannes. Weitere mögliche Ziele sind der Bauch, Oberkörper und das Gesicht, wobei in diesen Fällen der Mann eine vorgebeugte Haltung haben muss, um das Angriffsziel erreichen zu können. Der Angreifer sollte bei der Anbringung der Technik mit beiden Händen an der Kleidung, an den Armen oder um den Nacken gepackt werden, um ihn in den Knieschlag hinein zu ziehen. Als Nebeneffekt wird dadurch die eigene Standsicherheit verbessert.

2.3.   <u>Die Tigerkralle</u>

Die Hand ist geöffnet, die Finger gespreizt und leicht gebeugt. Die Fingerspitzen bilden einen Halbkreis und zeigen nach vorne. Mit dieser Tigerkralle werden die Fingerspitzen nach vorn in das Gesicht des Angreifers gestoßen. Der Stoß erfolgt geradlinig-aufwärts durch Strecken des zuvor angewinkelten Armes. Die Krümmung der Finger ist dabei sehr wichtig, um eine Stauchung zu vermeiden. Lange Fingernägel sind bei der Anwendung dieser Technik kein Hindernis. Werden sie im Notfall in das Gesicht bzw. die Augen des Angreifers gestoßen, sind sie dem Erfolg sogar förderlich. Augen sind sehr empfindlich. Werden sie verletzt, empfindet der Betroffene nicht nur starke Schmerzen sondern ist durch die tränenden Augen in seiner Sicht stark behindert und orientierungslos. Dies bietet dann die Möglichkeit zur Flucht.

2.4. Der Ellenbogenstoß seitwärts

Beim Ellenbogenstoß seitwärts wird der Arm angewinkelt, so dass der Unterarm waagerecht am Oberkörper anliegt. Die Hand ist zur Faust geballt und der Faustrücken zeigt nach vorn. Um den Stoß zu verstärken, wird der Arm nicht nur eng am Körper zur Seite dynamisch ausgefahren sondern ein Gleitschritt in die gleiche Richtung durchgeführt. Dieser Körpereinsatz verleiht dem Ellenbogenstoß mehr Power. Der Stoß erfolgt mit der Ellenbogenspitze und zielt auf den Bauchbereich oder den Solar Plexus des Mannes. Beim Solar Plexus, auch Sonnengeflecht genannt, handelt es sich um einen empfindlichen Nervenpunkt, der sich etwas unterhalb der Mitte zwischen beiden Brustwarzen befindet (zur Lage siehe auch Zeichnung unter Gliederungspunkt 3. auf Seite 22).

Auf den Fotos sehen wir bereits die Endstellung: Der Arm ist ausgefahren, der Verteidiger steht nach dem seitlichen Gleitschritt in einer tiefen stabilen Beinstellung; beim Auftreffen der Technik ist der gesamte Körper anzuspannen.

2.5.   Der Ellenbogenstoß rückwärts

Der nötige Schwung für den Ellenbogenstoß rückwärts wird dadurch geholt, dass der Arm nach vorn gestreckt wird. Dabei ist die Hand geöffnet und der Handrücken zeigt nach oben. Dann wird der Arm geradlinig und eng am Körper vorbei mit einer kraftvollen und schnellen Bewegung nach hinten gezogen. Gleichzeitig wird die Hand zu einer Faust geschlossen und nach außen gedreht, so dass der Faustrücken nun nach unten zeigt. Durch das Schließen und Drehen der Faust wird die Ausführung noch verstärkt. Weitere Dynamik erhält diese Technik durch einen Schritt mit dem gleichseitigen Bein rückwärts auf den Angreifer zu. Auf dem Foto sieht man die Endstellung für einen Ellenbogenstoß rechts mit einem Schritt mit dem rechtem Bein rückwärts. Die Ellenbogenspitze zielt auf den Bauchbereich oder den Solar Plexus. Der Angreifer befindet sich bei seinem Angriff hinter uns (z.B. Würgen mit dem Unterarm von hinten).

2.6.   Der Knee-Kick

Diese spezielle Fußtechnik wird in verschiedenen Kung-Fu-Stilen praktiziert. Der Fuß wird angezogen, wobei die Fußspitze nach oben-außen zeigt. Das Bein wird angezogen, um dann sogleich dynamisch schräg nach vorn-unten gestoßen zu werden. Die Innenkante des Fußes bzw. Schuhes zielt auf schmerzempfindliche Punkte, wie Schienbein oder evtl. das Knie, des frontal vor uns stehenden Angreifers. Auf dem linken Foto, das schräg von vorn aufgenommen wurde, befindet sich das Bein bereits in der Endstellung. Der Verteidiger hat nun die Möglichkeit, das Bein zurückzuziehen oder am Schienbein des Angreifers entlang herabrutschen zu lassen, ihm so die dünne und empfindliche Haut aufzureißen und maximale Schmerzen zu bereiten. Diese Technik ist in erster Linie für frontal erfolgende Angriffe geeignet.

2.7. Der Fußstoß seitwärts

Der Fuß wird angezogen, der Fußrücken in Richtung Schienbein, das Bein durch Beugen des Knies senkrecht angehoben und dann kraftvoll und schnell seitlich nach unten-außen gestoßen. Diesmal trifft die Fußaußenkante bzw. der Schuhabsatz auf das Schienbein oder das Knie des Angreifers auf. Dabei muss man sich vorstellen, durch das Bein des Gegners hindurch treten zu wollen und nicht schon vor oder bei der Ausführung ans Abstoppen der Technik denken.

Zum Abschluss kann das Bein zurückgezogen werden oder man kann am Schienbein des Angreifers herabrutschen, ähnlich wie beim Knee-Kick. Auf beiden Fotos wird die Endstellung der Technik gezeigt. Das eine Foto wurde von der Seite, das andere aus Sicht des Aggressors aufgenommen.

2.8.   Der Quetschgriff

Diese Technik ist eigentlich eine Kombination aus zwei Techniken. Die anfängliche Fingerhaltung gleicht der der Tigerkralle, wobei nun abweichend der Handrücken zu Boden zeigt. Die Tigerkralle wird diesmal von unten nach vorne in den Genitalbereich des Mannes gestoßen. Dort angelangt, packt die Hand fest zu und beginnt den Faustinhalt kräftig zu quetschen (= Quetschgriff). Bei Bedarf kann auch noch ein Reißen erfolgen. Ist der Mann bereits im erregten Zustand, ist der Quetschgriff für ihn umso schmerzhafter. Die Anwendung kostet viele Frauen zu Anfang eine große Überwindung. Es muss jedoch verdeutlicht werden, dass diese Verteidigungshandlung dem Schutz der Gesundheit oder des Lebens dient und daher durchaus berechtigt ist. Auf dem Foto ist die bereits ausgeführte Tigerkralle zu sehen. Als nächstes würde die Hand geschlossen werden, um dann den Faustinhalt zu quetschen.

17

2.9. __Der Fußtritt rückwärts__

Diese Technik gleicht dem Ausschlagen eines Esels.
Auch hier wird der Fuß in Richtung Schienbein
angezogen. Das Knie wird in eine 90°-Stellung gebeugt
und das Bein nach vorn angehoben, bis der
Oberschenkel sich in einer waagerechten Position zum
Boden befindet. Dann erfolgt der Fußtritt mit einer
Bewegung aus der Hüfte nach hinten durch Vorbeugen
des Oberkörpers, wobei die 90°-Stellung des Knies
beibehalten wird. Der Absatz des Schuhes zielt dabei auf
folgende Punkte: Genitalbereich, Oberschenkel, Knie
oder Schienbein des Angreifers. Auf dem Foto sehen wir
die Endposition der Technik mit nach hinten
ausgefahrenem und angewinkeltem Bein sowie
vorgebeugtem Oberkörper. Der Fußtritt rückwärts ist für
Angriffe von hinten geeignet.

2.10.   Der Handballenstoß

Die Hand ist geöffnet und der Handrücken wird in Richtung Unterarm angewinkelt. Die Finger sind zusammen und die Fingerspitzen leicht gebeugt, um eine maximale Spannung in der Hand zu erhalten. Der Daumen liegt an. Der Arm wird angewinkelt und dann nach vorn-aufwärts, geradlinig ins Ziel gestoßen. Dabei trifft der Handballen auf die Nase oder von unten gegen das Kinn. Das Foto ist von vorn aus der Sicht des Angreifers aufgenommen und zeigt den Handballenstoß in der Endphase mit nahezu gestrecktem Arm.

2.11. <u>Der Genickdrehhebel</u>

Die eine Hand greift in den Nacken oder die Haare des Angreifers. Die andere Hand mit einer Handhaltung wie beim Handballenstoß wird mit dem Handballen von unten gegen das Kinn gesetzt. Der Kopf wird mit einem kräftigen Ruck nach hinten gerissen bzw. gedrückt und dann zur Seite gedreht. Das erste Foto zeigt die Kippbewegung nach hinten und das zweite Foto die Drehbewegung zur Seite. Achtung: Gefährliche Technik, bitte vorsichtig üben!

Die zuvor dargestellten Verteidigungstechniken erscheinen auf den ersten Blick brutal und abschreckend. Man muss sich jedoch immer wieder folgende Punkte vor Augen führen:

- wir sind rechtswidrig angegriffen worden,
- unsere Gesundheit und unser Leben sind in Gefahr,
- wir haben ein Recht darauf, die Unversehrtheit unserer Person zu schützen,
- wir brauchen mit dem Aggressor kein Mitleid zu haben, denn er hat auch kein Mitleid mit uns,
- der Angreifer hat die Gewalt begonnen, wir beenden sie nur,
- ein Zögern oder Skrupel können wir uns nicht leisten, wenn wir überleben wollen,
- wir müssen sofort und reflexartig handeln, dabei unsere gesamte Energie einsetzen und mit voller Härte vorgehen, um überhaupt eine Chance zu haben,
- gefährliche Techniken, wie z.B. der Genickdrehhebel, sind mit Bedacht und nur in lebensbedrohlichen Situationen anzuwenden!

3.   <u>Angriffsziele beim Mann</u>

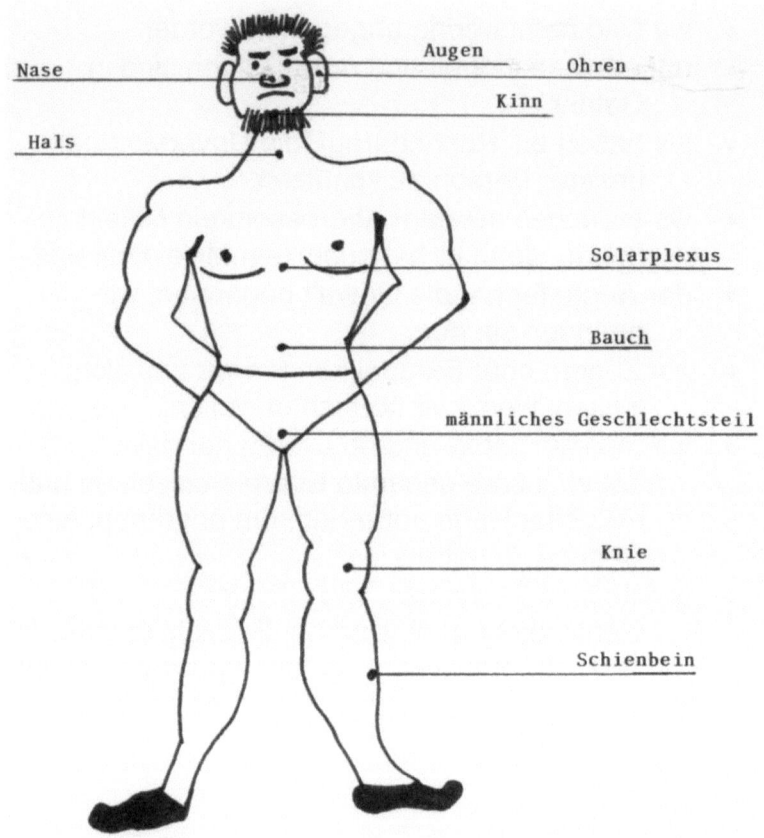

Nase
Augen
Ohren
Kinn
Hals
Solarplexus
Bauch
männliches Geschlechtsteil
Knie
Schienbein

4. Praktische Anwendung der Grundtechniken gegen verschiedene Angriffe

4.1. Im Stand

4.1.1. Nicht erwünschtes Umfassen der Taille/Schulter

Weiß sieht sich unliebsamen Annäherungsversuchen ausgesetzt, da Schwarz Weiß unerwünscht umfasst und bedrängt.

Weiß wendet sich Schwarz zu und vollführt den „Quetschgriff" in den Genitalbereich des Angreifers. Durch dosiertes Quetschen und Drücken wird der Angreifer dazu gebracht, von seinem ursprünglichen Vorhaben Abstand zu nehmen. Zum Abschluss kann auch noch eine Reißbewegung erfolgen.

4.1.2. Griffansatz zur Brust (Busengrabschen)

Ein Busengrabscher nähert sich. Eine derartige Belästigung kann der Anfang einer Vergewaltigung sein. Dem muss deshalb mit entsprechend gebotener Härte entgegengetreten werden.

Mit der rechten Hand wird der grabschende Arm gefasst und auf der Brust fixiert. Dies dient der Vorbereitung einer nachhaltigen Abwehr mit einer weiteren Technik. Der Angreifer wird zum einen daran gehindert, sich den weiteren Maßnahmen zu entziehen und zum anderen erhält die Verteidigerin dadurch einen sicheren Stand, da sie sich am Gegner festhalten kann. Nun kann ein Knee-Kick mit der Fußinnenkannte des rechten Beines gegen das Schienbein getreten werden.

Grundsätzlich wird die Verteidigungshandlung mit Kombinationen der erläuterten Grundtechniken solange fortgesetzt, bis

a) sich eine Möglichkeit zur **Flucht** bietet, die in jedem Fall genutzt werden sollte oder

b) der Angreifer durch die Verteidigungshandlung kampf- und handlungsunfähig geworden ist. Danach sollte ebenfalls die **Flucht** ergriffen werden.

Die Flucht wird an dieser Stelle so sehr betont, da jeder Kampf mit dem Risiko der Niederlage verbunden ist, dem man sich so schnell wie möglich entziehen sollte.
Auf dem Foto wird als weitere Folgetechnik ein Handballenstoß unter das Kinn gezeigt. Es wäre aber auch ein Knieschlag mit dem linken Knie in den Genitalbereich des Angreifers denkbar.

4.1.3. Griff ins Revers / in die Jacke

Schwarz greift die Verteidigerin mit beiden Händen in die Jacke, um sie an sich zu ziehen und zu küssen oder um sie evtl. zu Boden zu werfen. Hier muss schnell reagiert werden, um einen Wurf und die damit verbundene sehr nachteilige Bodenlage zu vermeiden. Ein <u>Bodenkampf</u> mit einem körperlich überlegenen Gegner sollte möglichst immer <u>vermieden</u> werden!

Weiß holt von unten-außen Schwung und bringt in einer halbkreisförmigen Bewegung einen beidhändigen Preßluftschlag auf die Ohren von Schwarz an. Wichtig dabei sind die geschlossenen Finger (nicht gespreizt!) und die muschelförmige Haltung der Hände, um den Überdruck im äußeren Gehörgang erzeugen zu können. Nach Möglichkeit sollten beide Hände gleichzeitig auftreffen. Man kann sich den Preßluftschlag praktisch wie eine doppelte „Ohrfeige" vorstellen.

Die Verteidigerin lässt ihre Hände am Hals herunter gleiten und umfasst den Nacken des Angreifers. Sie reißt seinen Oberkörper mit einer kraftvollen Bewegung und unter Einsatz des eigenen Körpergewichtes nach vorne herunter. Gleichzeitig geht sie rechts mit dem rechten Fuß einen Schritt am Gegner vorbei und reißt ihr linkes Knie hoch. Dieser Knieschlag wird im Bauchbereich oder gegen den Solar Plexus platziert. Der Fuß ist bei dieser Technik nach unten gestreckt, um ein Festhaken an der Kleidung des Gegners zu vermeiden. Bei Bedarf kann diese Technik mehrfach hintereinander angewendet werden.

4.1.4.   Würgen von vorn

Weiß wird mit beiden Händen von vorn gewürgt. Würgen ist ein lebensgefährlicher Angriff, da die Luftzufuhr zur Lunge und die Blutzufuhr zum Gehirn beeinträchtigt werden. In kürzester Zeit kann Bewusstlosigkeit eintreten. Dies macht schnelles Handeln erforderlich, wobei mit voller Härte vorgegangen werden muss, um das eigene Leben zu verteidigen.
Zuerst werden beide Schultern sofort hochgezogen und das Kinn auf die Brust gedrückt. So werden der Würgegriff ein wenig gelockert und der Kehlkopf geschützt.

Die rechte Hand von Weiß schießt mit der Tigerkralle von unten zwischen den würgenden Armen hindurch in das Gesicht und die Augen des Gegners. Die Wucht der dynamisch ausgeführten Technik lässt den Kopf nach hinten in den Nacken fliegen. Dabei wird mit der linken Hand der Arm des Angreifers gesichert, damit dieser der Tigerkralle nicht ausweichen kann. Der Gegner, mit nun tränenden Augen, Schmerzen und um sein Augenlicht besorgt, lockert merklich seinen Würgegriff, der dann gelöst werden kann.

Auf diesem Foto ist die Tigerkralle noch einmal in einer Nahaufnahme zu sehen. Man beachte die linke, sichernde Hand. Die Finger der Tigerkralle können jederzeit mit weiterem Druck in die Augen nachgeschoben werden.

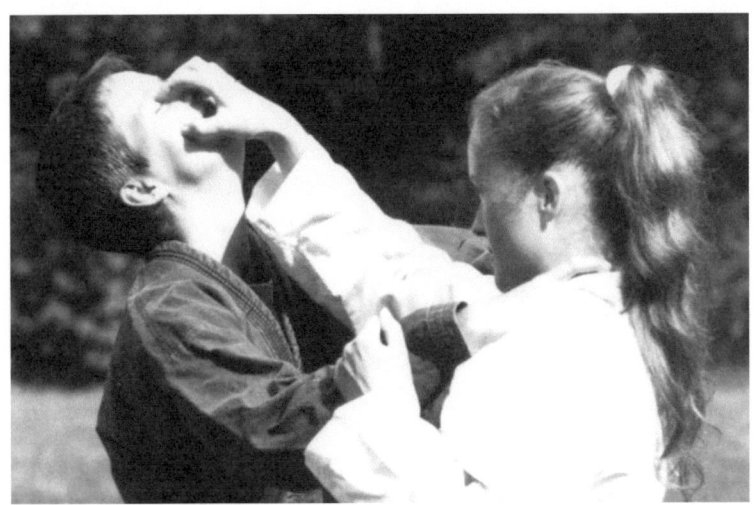

Als weitere Technik erfolgt ein Knee-Kick mit dem linken Fuß gegen das Knie/Schienbein des Angreifers. Dabei hält sich die Verteidigerin noch immer mit der linken Hand am Arm und mit der rechten Hand nun auch noch an der linken Schulter des Gegners fest, um ihn nach vorn aus dem Gleichgewicht zu bringen und selbst einen sicheren Stand zu bewahren. Dieser Tritt kann mehrfach wiederholt und durch einen Knieschlag ergänzt werden, bevor eine Lösung vom Gegner und die Flucht erfolgen.

4.1.5.   Würgen von der Seite

Schwarz würgt Weiß mit beiden Händen von der Seite. Auch hier werden als erstes die Schultern angehoben und das Kinn auf die Brust gedrückt, um Hals und Kehlkopf zu schützen. Es droht Gefahr von Bewusstlosigkeit, was schnelles Handeln erforderlich macht.

Mit der linken Hand wird der vordere Arm oder der Ärmel des Angreifers erfasst und der Griff etwas gelockert. Mit einem Gleitschritt bewegt sich die Verteidigerin nach rechts auf den Angreifer zu und platziert einen Ellenbogenstoß seitwärts auf den Solar Plexus oder in den Bauchbereich. Dabei wird der erfasste Arm in die entgegengesetzte Richtung gezogen (Gegenzug), wodurch die Wirkung der Ellenbogentechnik verstärkt wird. Es sollte eine mehrfache Wiederholung erfolgen.

Der Würgegriff ist nun zwar gelöst, die Gefahr jedoch noch keineswegs vorbei. Der Griff der Verteidigerin mit der linken Hand wird immer noch beibehalten und zusätzlich packt nun die rechte Hand die rechte Schulter des Aggressors, um ihn für eine Folgetechnik zu fixieren und einen sicheren Stand zu haben. Dann wird das rechte Bein angehoben.

Nun wird mit dem angehobenen rechten Bein ein Fußstoß seitwärts-abwärts mit der Fußaußenkannte bzw. dem Schuhabsatz gegen das Schienbein/Knie des Angreifers getreten. Der Fuß ist dabei mit dem Fußrücken in Richtung des eigenen Schienbeins angewinkelt. Eine solche Fußtechnik frontal auf das durchgestreckte Bein des Aggressors kann zu schweren Knieverletzungen führen.

4.1.6. Würgen von hinten

Schwarz steht dicht hinter Weiß und würgt mit beiden Händen von hinten. Wie bei den anderen Würgetechniken auch, werden hier als Erstes die beiden Schultern kraftvoll nach oben gezogen und das Kinn nach unten auf die Brust gedrückt, um den Hals zu schützen.

Die Verteidigerin tritt dem Angreifer mit einem Fußtritt rückwärts wie ein ausschlagender Esel gegen das Schienbein/Knie. Dabei wird zunächst das rechte Bein hochgezogen, bis der Oberschenkel waagerecht zum Boden und das Knie in einem 90°-Winkel sind. Dann werden der Oberkörper schwungvoll in eine Vorderlage und gleichzeitig das Bein mit einer Bewegung im Hüftgelenk nach hinten gebracht (Gegenbewegung). Der Fuß ist dabei mit dem Fußrücken in Richtung Schienbein angewinkelt. Der Tritt erfolgt mit dem Schuhabsatz und sollte 2-4 Mal wiederholt werden. Durch das Vorbeugen des Oberkörpers wird der Würgegriff gelockert, da der Angreifer nun seine Arme strecken muss. Dies verschlechtert die Hebelwirkung seiner Würgearme, die mögliche Druckstärke wird geschwächt.

Um die Hände nun endgültig vom Hals zu lösen, wird der rechte Arm schräg nach vorn in Richtung Himmel gestreckt. Gleichzeitig vollführt die Verteidigerin eine Rechtsdrehung mit einem Schritt des linken Beins nach vorn und wendet sich dem Angreifer zu. Diese Drehung muss kraftvoll und schnell unter Einsatz des gesamten Körpers erfolgen, um damit die Hände vom Hals zu lösen.

Dieses Foto zeigt die gleiche Lösetechnik aus einer anderen Perspektive, der Rückenansicht. Schon während der Drehbewegung lösen sich die Hände vom Hals. Ist diese beendet, können noch ergänzende Techniken, wie z.B. Knee-Kick, Knieschlag oder Handballenstoß, angewendet werden.

4.1.7. Armepacken von vorn

Schwarz packt beide Arme von Weiß von vorn. Dies ist in der Regel nur eine Vorbereitungshandlung für einen weiteren Angriff. Jede Vergewaltigung beginnt zunächst mit einem Festhalten. Sofort, wenn der Griff erfolgt, müssen Gegenmaßnahmen ergriffen werden, um der Gefahr des „Zu-Boden-gebracht-werdens" entgegen zu wirken. Die Hände der Verteidigerin sind durch den Angriff gebunden, wodurch die Wahl der Verteidigungsmittel eingeschränkt ist.

Weiß wendet einen Knee-Kick mit der Fußinnenkante gegen das Schienbein von Schwarz an. Diese Technik sollte mehrmals kraftvoll wiederholt werden.

Nach mehrfacher Anwendung des Knee-Kicks hat der Aggressor seinen Griff gelöst und die Verteidigerin konnte sich demselben entwinden. Als Folgetechnik kann nun ein Quetschgriff in den Genitalbereich des Angreifers erfolgen.

Sollte der Aggressor immer noch nicht genug haben, kommt jetzt noch ein Knieschlag zum Einsatz. Weiß krallt sich mit beiden Händen in den Kragen von Schwarz und zieht ihn in eine vorgebeugte Position, geht einen Schritt mit dem rechten Fuß rechts an ihm vorbei und vollführt im Vorbeigehen einen Knieschlag mit dem linken Knie in den Bauchbereich.

4.1.8. Körperumklammerung von hinten mit Brustfassen

Schwarz nähert sich von hinten und umklammert Weiß über den Armen mit gleichzeitigem Umfassen der Brust.

Weiß hebt das rechte Bein an, bis sich das Knie in einer 90°-Position und der Oberschenkel waagerecht zum Boden befinden. Der Fuß ist mit dem Fußrücken in Richtung des Knies angezogen. Der gesamte Körper wird angespannt und auf die gleich folgende „Explosion" vorbereitet.

Die Verteidigerin führt einen Fußtritt rückwärts mit dem Schuhabsatz gegen das Schienbein/Knie des Gegners aus. Sie beugt im Rahmen der Gegenbewegung (Tritt/Vorbeugen) den Oberkörper vor und löst damit den Griff. Der Tritt erfolgt mit einer Bewegung im Hüftgelenk.

Nach dem Tritt kann noch ein Quetschgriff rückwärts mit der rechten Hand in den Genitalbereich angewandt werden. Die Verteidigerin fixiert dabei mit der linken Hand die rechte Hand des Angreifers, um ein Ausweichen vor dem Quetschgriff zu vermeiden. Nach Beendigung dieser Technik dreht sich Weiß aus dem Angreifer heraus und ergreift die Flucht. Sollte es dabei noch Probleme geben, kann eine Tigerkralle in das Gesicht gestoßen werden.

4.1.9. Körperumklammerung von vorn mit Kußversuch

Der Angreifer umklammert die Verteidigerin von vorn über den Armen und versucht sie zu küssen. Die Handlungsmöglichkeiten sind hier sehr eingeschränkt, da der Umklammerungsgriff über den Armen erfolgt. Dieser Angriff ist meist nur der Beginn einer noch gefährlicheren Situation, die im Keim erstickt werden muss.

Weiß reagiert mit einem Quetschgriff in den Genitalbereich von Schwarz, der selbst bei der Umklammerung über den Armen noch möglich ist. Der Gegner drückt die Arme nach unten und bringt sie so in die Idealposition für den Quetschgriff. Dieser wird nun dosiert angewendet und der Angreifer wird verbal aufgefordert, den Umklammerungsgriff zu lösen, sofern er dies noch nicht eigenständig getan haben sollte. Klare Handlungsanweisungen sind sehr wichtig, da der Aggressor zwar den Schmerz spürt, aber nicht immer weiß, wie er reagieren und was er machen soll. Deswegen sagen wir es ihm deutlich und untermauern dies mit Schmerzen.

Nachdem der Griff gelockert und etwas Abstand gewonnen wurden, wird der Oberkörper des Angreifers unter den Achseln umfasst, um ihm dann das Knie mit Schwung in den Unterleib zu rammen. Der Fuß ist wie immer bei dieser Technik gestreckt. Der Knieschlag sollte mehrmals wiederholt werden, bis der Griff gelöst und die Flucht ergriffen werden können.

4.1.10. Körperumklammerung von hinten mit Mundzuhalten

Der Angreifer hat sich von hinten an die Verteidigerin herangeschlichen, umklammert sie mit dem linken Arm und hält gleichzeitig mit der rechten Hand den Mund seines Opfers zu, um Hilferufe zu unterbinden.

Weiß bringt einen Fußtritt rückwärts mit dem Schuhabsatz gegen das Schienbein von Schwarz an. Dies sollte 2-3-mal wiederholt werden, bis der Gegner den Griff spürbar löst.

Die Verteidigerin streckt den linken Arm mit einer dynamischen Bewegung geradlinig nach vorn und löst so den umklammernden linken Arm des Angreifers. Dann wird der linke Arm der Verteidigerin kraftvoll wieder zurückgezogen und trifft in Form eines Ellenbogenstoßes rückwärts mit der Spitze des Ellenbogens auf dem Solar Plexus bzw. dem Bauchbereich auf.

Weiß sichert mit der rechten Hand die rechte Hand von Schwarz, mit der zuvor noch der Mund zugehalten wurde. Mit der linken Hand wird ein Quetschgriff rückwärts in den Genitalbereich ausgeführt. Das kraftvolle Quetschen wird mit einem Reißen beendet. Weiß wendet sich aus dem Angreifer heraus und ergreift die Flucht.

4.1.11. <u>Herumreißen</u>

Der Angreifer schleicht sich von hinten an die Verteidigerin heran und erfasst ihre beiden Schultern, um sie zu sich herumzureißen. Frühzeitiges und konsequentes Reagieren überrascht den Gegner und bringt einen Vorteil, der insbesondere bei körperlich überlegenen Angreifern wichtig ist.

Entgegen der natürlichen Reaktion lässt sich Weiß widerstandslos herumdrehen und nutzt diesen Schwung des Angriffs sogar für den Gegenangriff.

Der Schwung der Umdrehbewegung wird ausgenutzt und ein Handballenstoß aufwärts mit der rechten Hand unter das Kinn des Angreifers platziert, dessen Kopf daraufhin nach hinten geschleudert wird. Als weitere Folgetechnik kann ein Knieschlag in den Genitalbereich oder ein Knee-Kick gegen das Schienbein angewendet werden.

4.1.12. Handgelenkfassen eine Hand von hinten

Die Verteidigerin geht nichts ahnend spazieren, als plötzlich jemand von hinten mit einer Hand ihr linkes Handgelenk umfasst und sie festhält. Sie wirft ein Blick über die linke Schulter, um die Lage abzuschätzen.

Weiß dreht sich um 180 Grad, macht dabei einen kleinen Schritt mit dem rechten Fuß (man beachte die Fußstellung von diesem Foto im Vergleich zum vorherigen Bild) und steht nun frontal vor Schwarz. Weiß hält den rechten Arm deckend vor den eigenen Körper, um mögliche Schläge abzublocken.

Der Schwung der 180-Grad-Drehbewegung wird ausgenutzt, um einen Handballenstoß von unten gegen das Kinn des Gegners zu platzieren. Mögliche Folgetechniken: Knieschlag in den Genitalbereich oder Knee-Kick gegen das Schienbein.

4.1.13. Handgelenkfassen beide Hände von hinten

Der Angreifer schleicht sich von hinten an die Verteidigerin heran, ergreift ihre beiden Handgelenke und fixiert sie. Hier besteht die Möglichkeit, zumindest weist die Art des Angriffs darauf hin, dass die Verteidigerin für die Komplizen des Angreifers fixiert werden soll. Dies erfordert konsequentes und schnelles Handeln, um die Flucht ergreifen zu können. Die Konfrontation mit mehreren Angreifern ist zu vermeiden.

Weiß platziert einen Fußtritt rückwärts gegen das Schienbein von Schwarz. Die Verteidigerin verhält sich dabei wie ein ausschlagender Esel und hört erst mit den Tritten auf, wenn der Angreifer den Griff um die Handgelenke gelöst hat. Dann ergreift sie die Flucht. Flucht ist dabei kein Zeichen von Feigheit sondern von Klugheit. Frau entzieht sich einer gefährlichen Situation, um ihre Gesundheit und ihr Leben zu schützen.

4.1.14.   Griff in die Haare von hinten

Der Angreifer greift der Verteidigerin von hinten in die
Haare und hält sie fest. Achtung: Es besteht die Gefahr,
dass uns der Gegner an den Haaren zu Boden reißen
will, was unbedingt verhindert werden muss.

Mit der rechten Hand wird die haarefassende Hand des Gegners auf dem Kopf fixiert, um die Haare von dem Zug zu entlasten. Gleichzeitig macht Weiß einen Schritt mit dem linken Fuß rückwärts auf Schwarz zu und sucht dessen Körperkontakt, um eine Zugbewegung von Schwarz nach hinten zu erschweren. Weiß streckt den linken Arm geradlinig nach vorn, um für einen Ellenbogenstoß rückwärts Schwung zu holen.

Auf dem Foto ist zu sehen, wie der Ellenbogenstoß rückwärts mit der Spitze des Ellenbogens gegen den Bauchbereich des Aggressors gerichtet wird. Diese Technik sollte mehrfach wiederholt werden. Als Folgetechnik bietet sich noch ein Quetschgriff rückwärts in den Genitalbereich des Angreifers an, bevor sich die Verteidigerin aus dem Griff löst und die Flucht ergreift.

4.2.   Im Sitzen

4.2.1.   Armumlegen mit Kniefassen

Die Verteidigerin sitzt auf einer Parkbank, als sich neben sie der Angreifer setzt, den rechten Arm um sie legt und mit der linken Hand an ihr Knie fasst.

Die Verteidigerin wendet sich dem Angreifer zu und verpasst ihm einen Handballenstoß von unten gegen das Kinn. Dann entwindet sie sich dem Aggressor und ergreift die Flucht.

Alternativ zum Handballenstoß kann auch eine Tigerkralle in das Gesicht bzw. die Augen des Angreifers gestoßen werden. Die Brille stört dabei nicht. Entweder schieben sich die Finger von unten unter die Brille in die Augen oder die Gläser samt Gestell werden tiefer ins Gesicht gedrückt, was ebenfalls sehr schmerzhaft ist.

4.2.2. <u>Von hinten über die Schultern grabschen</u>

Der Angreifer nähert sich von hinten an die Parkbank und greift über die Schultern an die Brust der Verteidigerin. Dann versucht er sie zu küssen.....

Als das Gesicht des Angreifers aufgrund des Kussversuches immer näher kommt, nutzt die Verteidigerin dies für einen Handballenstoß in das Gesicht des Gegners. Dann flüchtet sie.

Alternativ zum Handballenstoß kann auch eine Tigerkralle in das Gesicht des Gegners erfolgen. Ein Stoß in die Augen mit zusätzlichem Nachdrücken der Finger lässt den Angreifer orientierungslos nach hinten taumeln, was zur Flucht genutzt werden kann.

4.2.3.   Würgen von vorn mit beiden Händen

Die Verteidigerin sitzt auf einer Parkbank und wird plötzlich von einem vorbeigehenden Passanten angegriffen. Breitbeinig baut er sich vor ihr auf, steht über ihren Beinen, um ein Aufstehen zu verhindern, und würgt sie mit beiden Händen. Auch ein begleitender Kussversuch ist möglich.

Die Verteidigerin greift die beiden würgenden Arme und versucht sie zu lösen, während sie gleichzeitig ein Bein kraftvoll nach oben reißt. Die Gleichzeitigkeit ist sehr wichtig, da ein Lösen des Würgegriffes sonst nicht möglich ist. Der Knieschlag erfolgt mit der Kniespitze in den Genitalbereich und hinterlässt eine spürbare Wirkung. Er sollte mehrmals wiederholt werden. Dabei wird dem Angreifer seine breitbeinige Stellung zum Verhängnis.

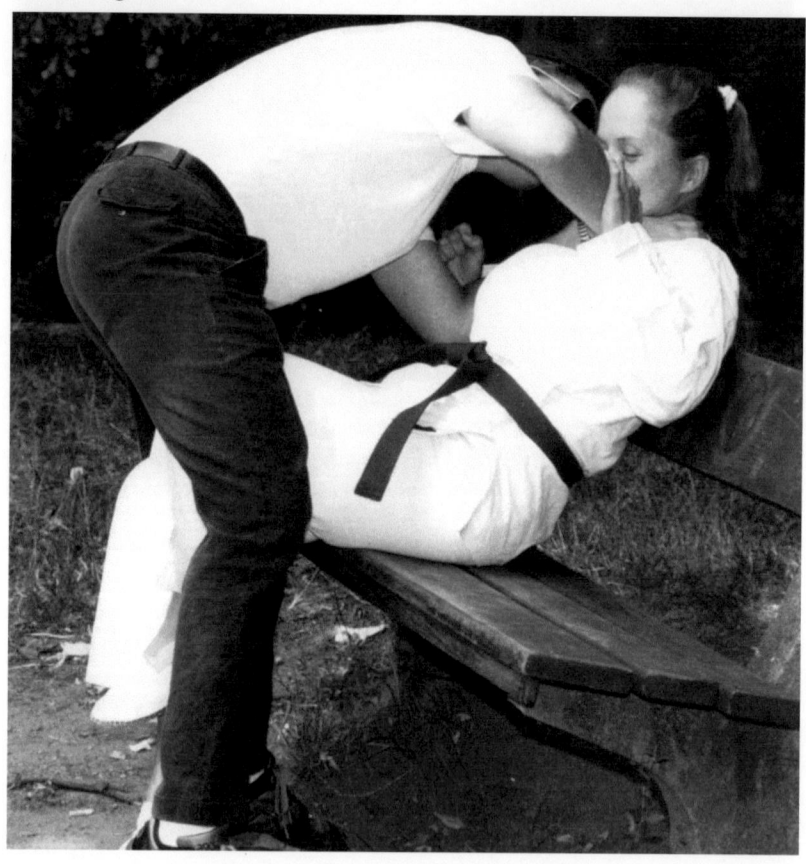

Alternativ oder als Folgetechnik ist auch ein Quetschgriff in den Genitalbereich möglich. Durch starkes Quetschen und Reißen wird der Angreifer aufgefordert, den Würgegriff zu lösen. Des Weiteren kann er zurückgedrängt werden, um aufstehen zu können. Dann sollte die Flucht ergriffen werden.

4.3.   Am Boden

Eine Bodenlage ist immer problematisch. Ist die Verteidigerin erst einmal zu Boden gebracht worden und ist der Aggressor über bzw. auf ihr, sind die Möglichkeiten einer effektiven Gegenwehr sehr eingeschränkt. In der Regel ist der Angreifer kräftemäßig überlegen und verfügt über ein höheres Körpergewicht als die Verteidigerin. Das ist für den Bodenkampf immer eine schlechte Ausgangsposition.

Deswegen ist jeder Angriff im Stand sofort und konsequent abzuwehren, um nicht in die Situation der Bodenlage zu kommen.

Nachfolgend werden für den Fall der Fälle einige Möglichkeiten für Abwehrhandlungen am Boden vor-gestellt.

4.3.1. Würgen zwischen den Beinen

Die Verteidigerin liegt auf dem Rücken am Boden. Der Angreifer kniet zwischen ihren Beinen, ist über sie gebeugt und würgt sie mit beiden Händen. Dies dient meist der Vorbereitung einer Vergewaltigung, wobei auch ein Tötungsversuch nicht ausgeschlossen werden kann. Nachfolgend werden zwei mögliche Abwehr-kombinationen vorgestellt.

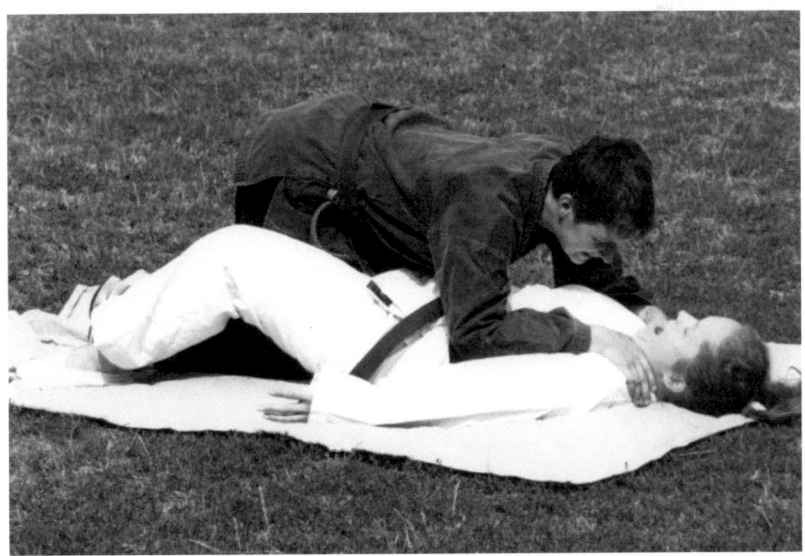

Alternative 1

Die Verteidigerin stellt das linke Bein auf, das rechte Bein bleibt flach am Boden liegen. Sie stößt sich mit dem aufgestellten Bein bis auf die Zehenspitzen ab, dreht den gesamten Körper nach rechts ein und vollführt gleichzeitig eine Tigerkralle mit der linken Hand in das Gesicht/die Augen des Gegners.

Weiß stößt sich weiter mit dem aufgestellten, linken Bein ab und dreht sich ebenfalls weiter nach rechts ein. Der Gegner wird durch ein Nachdrücken der Finger in die Augen zum Abwurf gebracht, indem er in die entsprechende Richtung gedrückt wird. Die Drückbewegung mit der linken Hand kann mit einer Zugbewegung der rechten Hand in den Haaren oder dem Kragen des Angreifers unterstützt werden.

Die Verteidigerin liegt nun endgültig auf ihrer rechten Seite, der Angreifer ist abgeworfen. Sie kann sich nun nach links wegrollen, aufstehen und die Flucht ergreifen.

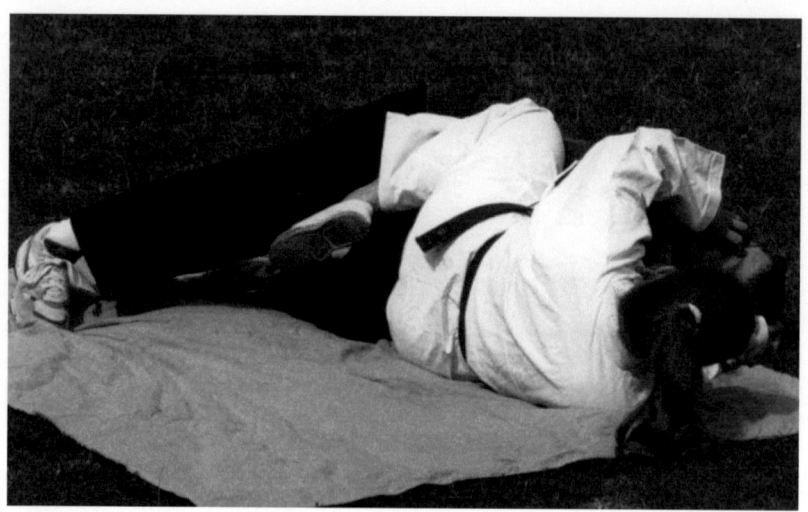

Alternative 2

Die zweite Abwehrkombination beginnt mit einem Preßluftschlag auf beide Ohren. Beide Beine von Weiß, vor allem aber das rechte Bein, sind aufgestellt. Durch den Preßluftschlag sollte der Würgegriff gelöst sein. Bei Bedarf kann diese Abwehrtechnik wiederholt werden, falls sie das erste Mal nicht auf Anhieb gesessen haben sollte.

Weiß setzt nun einen Genickdrehhebel an. Die linke Hand greift in die Nackenhaare und die rechte Hand befindet sich am Kinn von Schwarz. Diese Technik ist nicht zu unterschätzen. Sie kann schwerste Verletzungen der Wirbelsäule hervorrufen. **Bitte vorsichtig üben!**

Weiß stößt sich mit dem rechten, aufgestellten Bein ab, vollführt eine Körperdrehung nach links und bringt den Gegner durch den Genickdrehhebel zum Abwurf. Die Ausführung des Genickdrehhebels wurde im Einzelnen bei Vorstellung der Grundtechniken erläutert.

Die Verteidigerin liegt auf ihrer linken Seite. Der Angreifer wurde abgeworfen. Die Verteidigerin rollt sich nun nach rechts aus dem Gefahrenbereich heraus, steht auf und flüchtet.

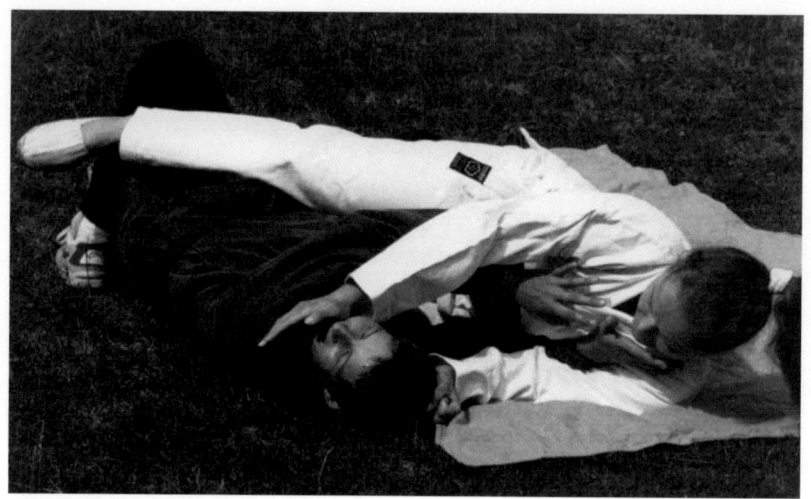

4.3.2. Würgen im Reitsitz

Die Verteidigerin liegt auf dem Rücken am Boden. Der Angreifer sitzt auf ihrem Oberkörper im Reitsitz und würgt sie mit beiden Händen.

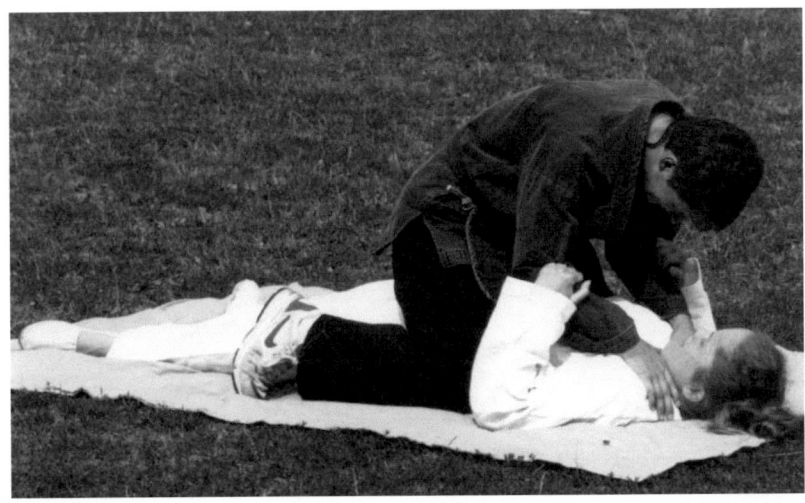

Die Verteidigerin greift mit der linken Hand in die Jacke des Angreifers, zieht ihn nach Möglichkeit etwas zu sich herunter und fixiert ihn. Mit der rechten Hand stößt sie eine Tigerkralle in das Gesicht/die Augen. Sie beginnt damit, den Angreifer nach links zu drücken, um ihn abzuwerfen. Dies wird durch eine Zugbewegung mit der linken Hand unterstützt.

Der Abwurf erfolgt mit Unterstützung der Hüfte, deren rechte Seite mit Schwung nach oben-links gedrückt wird. Auf dem Foto ist der fast vollzogene Abwurf zu sehen. Wie man sieht, wird der Druck in die Augen fortgesetzt. Ist die Abwurfbewegung abgeschlossen, rollt sich die Verteidigerin nach rechts weg, steht auf und flüchtet.

4.3.3. Würgen am Boden von hinten

Die Verteidigerin liegt auf dem Rücken am Boden. Der Angreifer kniet hinter ihr und würgt sie mit beiden Händen. Zu dieser Lage konnte es kommen, weil der Aggressor sie von hinten an den Haaren oder der Kleidung zu Boden riss und die Verteidigerin im Stand nicht schnell genug reagierte.

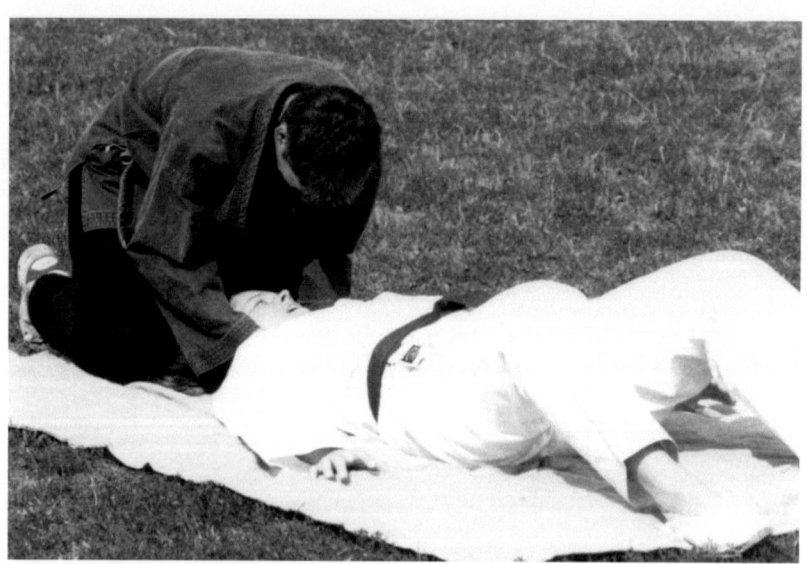

Weiß holt zu einem beidhändigen Preßluftschlag auf die Ohren von Schwarz aus. Die Finger sind zusammen und die Hände sind muschelförmig geformt.

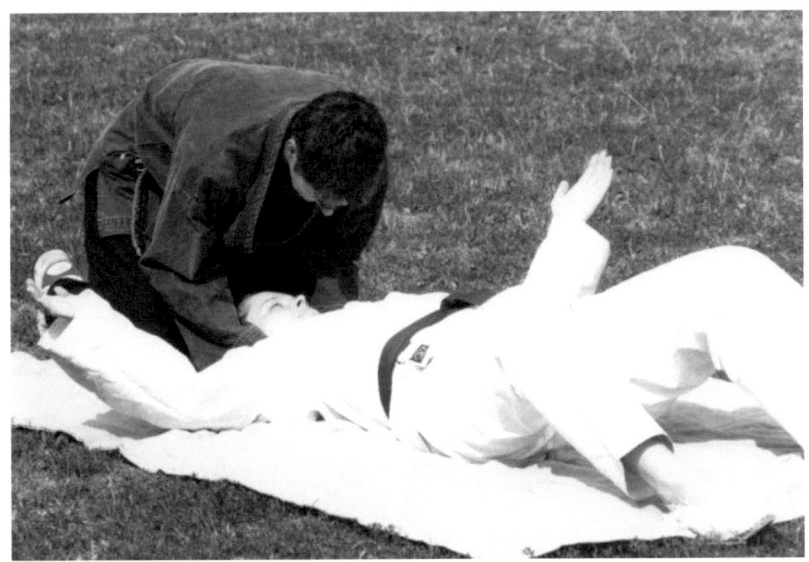

Der Preßluftschlag trifft gleichzeitig auf beide Ohren auf. Er sollte wiederholt werden, wenn er beim ersten Mal seine Wirkung verfehlt. Er hat verheerende Folgen. Die Trommelfelle platzen, der Gegner verliert seinen Gleichgewichtssinn und wird orientierungslos. Diese Technik wird wie eine Explosion im Kopf empfunden. Das sollte reichen, um den Würgegriff augenblicklich zu lösen.

Nun wird ein umgekehrter Genickdrehhebel angesetzt und der Kopf des Aggressors kraftvoll herumgerissen.

Der Gegner gibt dem Druck des Genickdrehhebels nach und fällt seitlich zu Boden. Sein Kopf wird geführt, bis er am Boden liegt. Die Verteidigerin rollt sich dann nach rechts vom Angreifer weg, steht auf und flüchtet.

5. Oft gezeigte, jedoch für Frauen ungeeignete Techniken (mit Begründung)

Es gibt unzählige Angebote von Frauen-selbstverteidigungs-Büchern, -Kursen und -Systemen. Leider wurde bei der Entwicklung vieler dieser Systeme auf die körperlichen Gegebenheiten von Frauen wenig Rücksicht genommen. Dort werden dann Techniken gezeigt, die zwar bei einer gewissen Anwendung sicherlich ihre Wirkung nicht verfehlen, aber für eine Frau in der Praxis aufgrund der körperlichen (z.b. Größe und Gewicht) und kräftemäßigen Unterlegenheit nicht umsetzbar sind.

Grundsätzlich sollten die Techniken so einfach wie möglich sein. Was kompliziert ist, wird im Ernstfall unter Stress und Gegenwehr des Angreifers bestimmt nicht funktionieren. Die Einfachheit ist der entscheidende Unterschied zwischen Kampfsport und Kampfkunst auf der einen und Selbstverteidigung auf der anderen Seite. Für Kampfsport und Kampfkunst werden Jahre des intensiven Trainings benötigt, um diese nach und nach besser beherrschen zu können. Selbstverteidigung muss einfach strukturiert und in kürzester Zeit für jeden unabhängig von körperlichen Gegebenheiten erlern- und umsetzbar sein. Deswegen wurde für das in diesem Buch vorgestellte System eine Auswahl von 11 einfachen Techniken zusammengestellt, die die bereits genannten Anforderungen an ein Selbstverteidigungssystem erfüllen und für nahezu alle Angriffsvarianten Abwehr-möglichkeiten bieten.

Nachfolgend werden einige beispielhafte Techniken vorgeführt, die oft in der Selbstverteidigung propagiert werden, aber <u>für Frauen nicht geeignet</u> sind.

5.1.   Der Fauststoß

Der Fauststoß findet sich in der einen oder anderen Variante in nahezu allen Kampfsportarten wieder und ist wohl auch eine der bekanntesten Techniken. In meiner langjährigen Tätigkeit als Leiter von Frauen- selbstverteidigungskursen musste ich jedoch feststellen, dass der Fauststoß für Frauen in der Selbstverteidigung ein ungeeignetes Mittel darstellt, da das eigene Risiko einer Handverletzung viel zu hoch ist. Sicherlich mag es einzelne Frauen geben, die damit keine Probleme haben. Bei der breiten Masse sieht es jedoch anders aus. Wenn eine zarte Frauenhand, die von Natur aus nun einmal in der Regel zierlicher und zerbrechlicher als eine Männerhand gebaut ist, auf einen harten Männerschädel auftrifft (z.B. Kinnhaken, Schwinger zum Kopf etc.), besteht ein hohes Risiko, dass der Mann nur eine Beule davonträgt, während sich die Frau die Hand bricht und damit allein aufgrund der Schmerzen kampfunfähig wird. Um dieses Risiko zu vermeiden, rate ich aufgrund meiner Erfahrungen von der Praktizierung von Fausttechniken ab.

5.2. Der Fußstoß seitwärts (hoch)

Von der Anwendung von Fußtechniken oberhalb der eigenen Gürtellinie im Rahmen der Frauenselbstverteidigung rate ich ab, da auch hier die Eigengefährdung und zusätzlich der Trainingsaufwand zu hoch sind. Für eine derartige Fußtechnik, wie sie z.B. auf dem Foto unten zu sehen ist, ist nicht nur eine gewisse Dehnung sondern auch eine besonders sichere Standfestigkeit (Gleichgewicht) erforderlich, die nur durch langwieriges und hartes Training erreicht werden können. Dies widerspricht aber dem Anspruch an ein schnell und leicht zu erlernendes Selbstverteidigungssystem.

5.3.   Der Ellenbogenschlag vorwärts

Der Ellenbogenschlag kann an für sich eine sehr
wirkungsvolle Technik sein, wie man sie z.B. aus dem
Thai-Boxen kennt. Für eine Frau treten jedoch bei der
praktischen Anwendung Probleme auf, die sich aus der
Größe und der geringeren Kraft im Vergleich zu einem
Mann ergeben können, wie auf dem nachfolgenden Foto
zu sehen ist.
Sie kommt mit der Technik nicht ohne Weiteres an den
empfindlichen Kopf heran. Um aber einen wirkungsvollen
Treffer im erreichbaren Brust- und Bauchbereich landen
zu können, fehlt die Kraft.

Wie auf dem Foto zu sehen ist, versucht die Verteidigerin den Größenunterschied auszugleichen und den Kopf mit dem Ellenbogenschlag zu erreichen. Sie begibt sich dazu auf ihre Zehenspitzen und streckt ihren ganzen Körper nach oben. Der Kopf kann nun erreicht werden, aber aus dieser unsicheren und wenig standfesten Position heraus lässt sich kein effektiver Ellenbogenschlag durchführen.

Der für Frauen ungeeignete Ellenbogen<u>schlag</u> darf aber nicht mit den wirkungsvollen Ellenbogen<u>stößen</u> verwechselt werden, die fester Bestandteil des in diesem Buch vorgestellten Selbstverteidigungssystems sind.

Besser: Die Tigerkralle

Anstatt des Ellenbogenschlages kann hier als Alternative die Tigerkralle empfohlen werden. Ohne Probleme erreicht die Verteidigerin das Gesicht bzw. die Augen des Angreifers mit dieser Technik. Nebenbei ist das Verletzungsrisiko für sie sehr gering, wenn sie mit den Fingern in die Augen des Gegners sticht.

Hier noch einmal die Tigerkralle in der praktischen Anwendung gegen ein beidhändiges Würgen von vorn. Der Angreifer wird den Griff sofort lösen und orientierungslos nach hinten taumeln. Diese Technik ist für Frauen optimal geeignet.

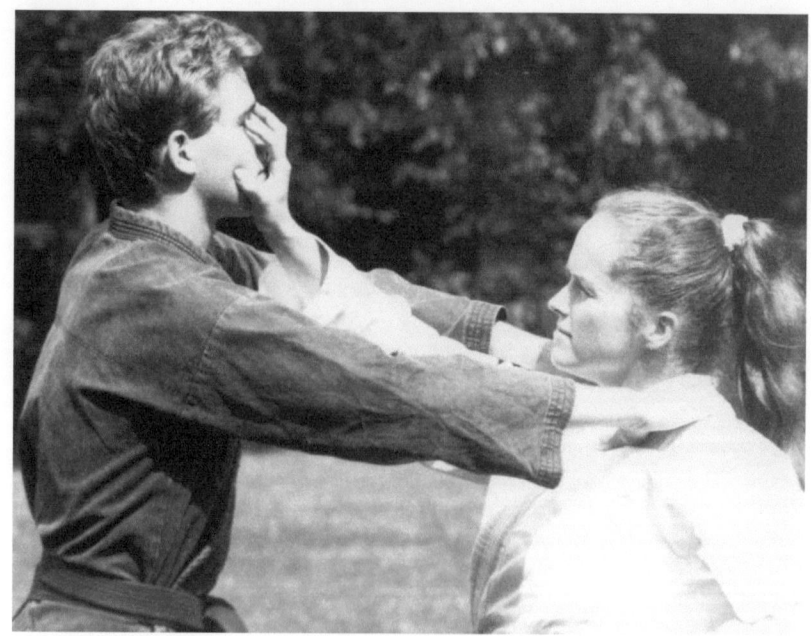

6. Anwendung von Alltagsgegenständen als Verteidigungshilfsmittel

In der Selbstverteidigung können und sollten auch Alltagsgegenstände Verwendung finden. Das Buch, das gerade gelesen wird, der Regenschirm oder der Schlüssel, der gerade in der Hand gehalten wird oder ein Kugelschreiber, den man dabei hat. Alle diese Gegenstände können als Waffen verwendet werden.

Es können aber auch gezielt Hilfsmittel, wie z.B. auf dem Foto abgebildete Schlüsselanhänger (so genannte „Kubotans") mitgeführt werden. Nachfolgend werden einige Anwendungsbeispiele vorgestellt.

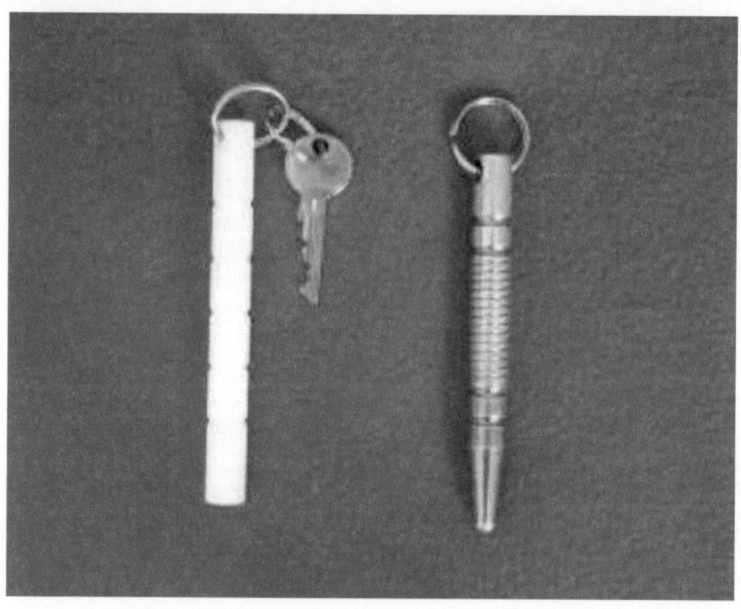

Schlüsselhaltung Variante **a**:

Die Verteidigerin hält einen Schlüssel in natürlicher Aufschließhaltung in der Hand. Wird sie nun beim Aufschließen der Haustür oder des Autos in der Tiefgarage von einem Angreifer überrascht, kann sie den Schlüssel sofort für die Verteidigung einsetzen. Auf dem Foto wird eine Stichbewegung mit dem Schlüssel gezeigt. So ein Stich kann sich gegen den Hals, den Kehlkopf, das Gesicht (insbesondere die Augen) oder den Genitalbereich des Gegners richten.

Schlüsselhaltung Variante **b**:

Die Verteidigerin hält das Schlüsselbund so in ihrer Faust, dass die Schlüsselspitzen unten herausragen. Nun kann sie nach oben ausholen und mit den Schlüsselspitzen in Form von Hammerschlägen den Hals, das Gesicht oder die greifenden Hände des Angreifers bearbeiten.

Nun hält die Verteidigerin einen Kugelschreiber in der Hand. Mit diesem sind Stich- und Druckbewegungen gegen den Genitalbereich, die Rippen, den Hals und bei lebensgefährlichen Angriffen gegen die Augen möglich.

Weiß wird von Schwarz angegriffen und vollführt einen Stich mit dem Kugelschreiber zum Hals von Schwarz. Bei Bedarf kann der Stich mehrmals wiederholt werden. Anschließend sind die üblichen Folgetechniken, wie z.B. ein Knee-Kick, möglich.

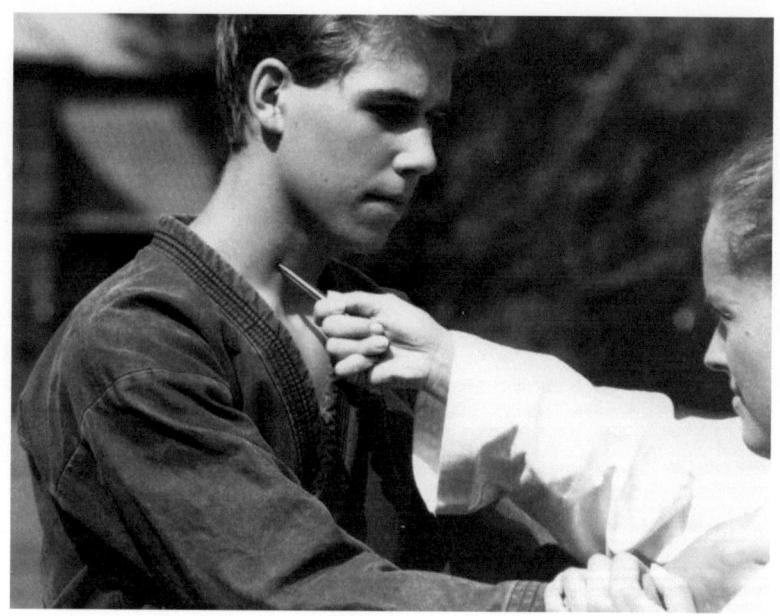

Der Angreifer greift die Verteidigerin mit einem beidhändigen Griff ins Revers an. Sie bohrt daraufhin ihren Kugelschreiber in dessen Arm, bis dieser aufgrund der Schmerzen den Griff löst. Der Kugelschreiber wird dabei fest in der Faust gehalten, die Spitze ragt unten heraus. Es wird empfohlen, einen stabilen Kugelschreiber aus Metall mit sich zu führen.

Anstatt der Bohrbewegung können auch mehrfache Hackbewegungen mit dem Kugelschreiber auf den Arm ausgeführt werden.

Der Kugelschreiber wird wie zuvor in der Faust gehalten, wobei die Spitze nach unten herausragt. Die Verteidigerin holt von rechts-schräg-oben aus und hackt dem Angreifer in den Hals, bis dieser den Griff löst. Bei einem nächtlichen Angriff im Park oder in der menschenleeren Tiefgarage ist eine derartige Verteidigungshandlung durchaus angemessen. **Die gesetzlichen Vorschriften sind bitte stets zu beachten!**

Die Verteidigerin wird massiv bedrängt und wehrt sich mit einem Stich mit dem Kugelschreiber oder dem Schlüssel in den Genitalbereich des Angreifers. Dies sollte mehrfach wiederholt werden, bis der Angreifer von seinem Vorhaben ablässt. Es sind auch die bereits bekannten Technikkombinationen möglich.

7. Ausführungen zur Notwehr und Nothilfe

In gebotener Kürze und ohne rechtswissenschaftlichen Anspruch soll hier auf die rechtliche Grundlage jeder Selbstverteidigungshandlung mit Hilfe der in diesem Buch gezeigten Techniken eingegangen werden.

Jeder Mensch hat ein durch die Verfassung garantiertes Recht auf körperliche Unversehrtheit. Daraus folgt wiederum, dass jedermann sich (= Notwehr) oder einen anderen (= Nothilfe) gegen einen rechtswidrigen Angriff verteidigen darf. Diese Rechte sind in den Paragraphen 32 Strafgesetzbuch (StGB), 227 Bürgerliches Gesetzbuch (BGB) und 15 Ordnungswidrigkeitengesetz (OWiG) niedergelegt.

Die grundsätzliche Aussage in allen diesen Paragraphen ist, dass eine durch Notwehr gebotene Handlung nicht rechtswidrig ist. Wer sich verteidigt, macht sich also nicht strafbar.
Notwehr ist dabei diejenige Verteidigungshandlung, welche erforderlich ist, um einen gegenwärtigen, rechtswidrigen Angriff von sich oder einem anderen abzuwehren.

Es muss ein Angriff in Form eines menschlichen Verhaltens vorliegen, durch das eine Verletzung rechtlich geschützter Güter oder Interessen droht. Der Angriff muss gegenwärtig sein, das bedeutet, er muss unmittelbar bevorstehen, begonnen haben oder noch andauern. Rechtswidrigkeit ist gegeben, wenn der Angriff gegen gesetzliche Vorschriften verstößt und für den

Angreifer keine Rechtfertigungsgründe (z.B. seinerseits Notwehr = Rechtfertigungsgrund) vorliegen. Die Verteidigungshandlung, also die Abwehr des Angriffs, muss erforderlich sein. Sie ist erforderlich, wenn sie geeignet ist, den Angriff sofort und nachhaltig unter Anwendung des relativ mildesten verfügbaren Gegenmittels abzuwehren. Dabei gibt es keine Güterabwägung zwischen dem angegriffenen und dem durch die Verteidigungshandlung beeinträchtigten Rechtsgut. Es besteht für den Verteidiger keine Pflicht zum Ausweichen, denn das Recht braucht dem Unrecht nicht zu weichen.

Bei den in diesem Buch dargestellten Angriffssituationen handelt es sich um ernsthafte und gefährliche Angriffe von Männern auf körperlich unterlegene Frauen. Daher sind die vorgeschlagenen Gegenmaßnahmen durchaus durch das deutsche Notwehrrecht gedeckt.

Als vertiefende Literatur zu diesem komplexen Thema kann ich folgende Empfehlungen geben:

- Rolf Schmidt: Strafrecht Allgemeiner Teil, Verlag Dr. Rolf Schmidt GmbH, Grasberg bei Bremen, 8. Auflage 2009, Seite 119 ff. ;
- Urs Kindhäuser: Nomos Kommentar Strafgesetzbuch, Nomos Verlagsgesellschaft, Baden-Baden, 4. Auflage 2010, Seite 283 ff.;
- Hans Brox, Wolf-Dietrich Walker: Allgemeiner Teil des BGB, Carl Heymanns Verlag, Köln, 33. Auflage 2009, Seite 291 ff.;

- Reiner Schulze u.a.: Nomos Kommentar Bürgerliches Gesetzbuch, Nomos Verlagsgesellschaft, Baden-Baden, 6. Auflage 2009, Seite 204 ff..

8. Buchempfehlungen

9. Über den Autor

Trainerqualifikationen und Graduierungen
- Entspannungstrainer, Note 1
- Trainer für Sportrehabilitation, Note 1
- Fitnesstrainer B-Lizenz, Note 1
- Lehrer für Qigong (TQN, DDQT + div. gesetzl. KK)
- Krav Maga Instructor verschiedener Verbände
- Lehrbefähigungsnachweis Ju-Jutsu, 1990
- Prüferlizenz Ju-Jutsu von verschiedenen Verbänden, erstmals 1992
- 6. Dan Ju-Jutsu, Lehrer für Ju-Jutsu

Wettkampferfolge
- 1. Platz Hamburger Meisterschaft Ju-Jutsu-Formenwettkampf 1992
- 3. Platz Hamburger Meisterschaft Ju-Jutsu Kampf 1995
- 3. Platz Hamburger Meisterschaft Ju-Jutsu Kampf 1994
- 4. Platz Internationale Deutsche Meisterschaften moderne Kata 1997 in Lauenburg
- 4. Platz Deutsche Meisterschaft Ju-Jutsu-Formenwettkampf 1992
- 5. Platz Hamburger Meisterschaft Ju-Jutsu Kampf 1996
- 1. Platz zweiter „happy run" 5 Km Nordic-Walking in Wahlstedt 2010
- 3. Platz German Taijiquan Open 2012 in Hannover
- 4. Platz Wu Wei Cup 2012 in Hamburg
- 1. Platz Sparkassen-Ostseelauf Timmendorfer Strand Nordic-Walking 5 Km 2013
- 1. Platz Stadtwerkelauf Tornesch, NW 5 Km 2013-2016
- 1. Platz Möllner City-Lauf 9,4 Km NW 2014, 2015, 2016
- 1. Platz Jesteb. Volkslauf Walking 10,5 Km 2014-2015

Veröffentlichungen
- diverse Sammelbände 2014
- Kurskonzept Frauenselbstverteidigung 2014
- Rückenqigong 2014
- Der fliegende Kranich - Qigong in 5 Bänden 2013
- Buch „Die 6 heilenden Laute" 2013
- Buch „Das muskel- und sehnenstärkende Qigong" 2012
- Buch „Sawah Kung Fu Grundtechniken" 2012
- Buch „Shaolin Qin Na Sawah Kuen" 2012
- Buch „Taijiquan für Einsteiger..." 2012
- Buch „Krav Maga - Grundtechniken..." 2012
- Buch Selbstverteidigung mit dem Kubotan 2011
- Buch „Das Spiel der 5 Tiere" 2011
- Buch „Konzept zur Durchführung eines
  Entspannungskurses..." 2011
- Buch „Die 24er Pekingform Taijiquan" 2011
- Buch „Die 8 Brokate by Stefan Wahle" 2010
- Buch „Ju-Jutsu Frauenselbstverteidigung" 2010
- Buch „Optimiertes Krafttraining mit der ILB-Methode"
  2009
- Buch „Ju-Jutsu Straßenkampftechniken" überarbeitete
  Neuauflage 2009
- Artikel „Optimiertes Krafttraining mit der ILB-Methode" in
  der Zeitschrift „shape up Trainer´s only", Heft Nr. 5
  2009
- Buchveröffentlichung „Realistische
  Frauenselbstverteidigung" 1994/95
- Buchveröffentlichung „Ju-Jutsu Straßenkampftechniken"
  1993

Auszeichnungen
- Budoka Award der Martial Arts Association 2013

- Ehrenkreuz der Martial Arts Association (MAA) 2012
- Hall of Fame + Dragon Medal der MAA 2011
- Verleihung der Ehrenmedaille durch den American Ju-Jutsu Landesverband Hamburg e.V. für den Aufbau der Akademie für Frauenselbstverteidigung 1997

Besondere Lehrgänge
- Lehrgang bei Dan Inosanto in Speyer 1996

Tätigkeiten

seit 2008
Fernstudium Fitness an der BSA Akademie anerkannt durch den DSSV

seit 2001
freiberuflicher Trainer

1993 bis 2001
Landestrainer beim American Ju-Jutsu Landesverband Hamburg e.V.

Mitglied in den Verbänden (Stand 12-2016)
- Taijiquan & Qigong Netzwerk Deutschland e.V.
- Chinesisch-Deutscher Kampfkunstverein e.V.
- Martial Arts Association - International
- Deutsche Budo Organisation e.V.
- Deutsche Kampfkunst Föderation e.V.
- Sawah® Qigong und Taijiquan Gesellschaft
- American Ju-Jutsu Landesverband Hamburg von 1993
- Krav Maga Sawah Organisation Deutschland
- World Krav Maga Association
- Deutsches Dan-Kollegium e.V. - DDK
- F.T.U. Freie Taekwondo Union

6. Dan Ju-Jutsu für Stefan Wahle aus Barmbek zum 30-jährigen Mattenjubiläum

Der Barmbeker Sportbuchautor **Stefan Wahle** betreibt seit 1985 die Kampfkunst Ju-Jutsu. Im Rahmen seines 30-jährigen "Mattenjubiläums" wurden ihm von diversen Sportverbänden Ehrungen zuteil. Unter anderem wurde ihm für seine sportlichen Verdienste und sein ehrenamtliches Engagement der **6. Dan Ju-Jutsu** verliehen.

Weitere Infos auf der Fan-Seite von Stefan Wahle bei Facebook:
http://www.facebook.com/Stefan.Wahle.Autor

4 Bilder ▶

6. Dan Ju-Jutsu für Stefan Wahle zum 30-jährigen Mattenjubiläum

Veröffentlichung mit freundlicher Genehmigung des Autors und Fotografen Otto Meier

Fan-Page von Stefan Wahle bei Facebook.com:
http://www.facebook.com/Stefan.Wahle.Autor

Stefan Wahle, 6. Dan Ju-Jutsu

www.sw-sportbuch.de